dégustation

30 RECETTES

POUR SÉDUIRE UN VAMPIRE

hachette
PRATIQUE

Recette pour séduire un vampire

Grâce à votre esprit exceptionnel et insondable, vous avez intrigué ce beau vampire au teint de porcelaine. Vous avez de la chance : il semble vous apprécier à votre juste valeur et non pour votre seule hémoglobine délicatement parfumée. Le moment est venu de vous retrouver en tête-à-tête, autour d'un somptueux dîner.

Les vampires ne se contentent-ils pas de sang goûteux, de préférence humain ? Il y a de fortes chances, en effet, pour que votre soupirant vous regarde vous sustenter, ses magnifiques yeux mordorés alanguis d'amour posés sur votre précieuse petite personne. Pourtant, si vous savez lui présenter quelques plats gourmands, il ne saurait résister car il est sensible à l'élégance.

Soignez l'atmosphère. Privilégiez le rouge, cette dynamisante couleur pouvant lui donner quelques idées et renforcer sa passion… Du noir pour le mettre en confiance, lui le prince ténébreux. Préférez une lumière tamisée : un chandelier baroque sera du meilleur effet. Augmentez la température de quelques degrés, les vampires ayant le sang plutôt froid. Enfin, mettez vos atouts en valeur avec volupté dans une robe de velours noir décolletée.

Et lorsqu'il aura cessé de vous dévorer du regard (et seulement du regard), place aux distractions ! Une lecture de légendes Quileutes. Le survol de Paris sur les épaules de votre et cher et tendre, rapide comme le vif argent. Quelques valses dans les bras de cet être d'un âge illustre et aux fabuleuses expériences.

Un dernier conseil : même si votre vampire est civilisé et converti au « végétarisme » (il se contente de sang animal), ne l'alléchez pas inutilement : chassez le naturel, il revient au galop…

Sommaire

Prélude

À croquer

Recettes sanguinaires

Mordus de desserts

Épilogue

N.B. Les quantités proposées dans les recettes varient entre 4 et 6 personnes.
De quoi assouvir les grandes faims de votre bien-aimé comme de vos petits vampires.

Élixir pour charmer votre vampire

Préparation 10 min

Pour 1 verre
¼ de melon
50 g de fraises
50 g de framboises

1 Ôtez la peau et les pépins du melon. Nettoyez les fraises et les framboises et ôtez leurs pédoncules.

2 Mettez les fruits dans le blender et faites tourner 30 s à puissance maximale. Ajoutez éventuellement un peu d'eau pour obtenir une consistance plus liquide. Servez le jus dans un verre.

La petite tentation

Un élixir à servir dès l'arrivée de votre vampire. D'autres fruits rouges, comme des mûres ou des groseilles, ont ce petit goût acidulé propre à titiller ses papilles. Si vous aimez plus de douceur, ajoutez dans votre propre verre un peu de miel ou de cassonade.

Midnight crumble

Préparation 20 min - Cuisson 50 min

Pour 4 personnes
1 kg de légumes surgelés pour ratatouille
8 cuil. à soupe de pignons de pin
8 feuilles de basilic
70 g de beurre
100 g d'emmental râpé
100 g de farine
4 cuil. à soupe d'huile d'olive
sel, poivre

1 Faites chauffer une poêle à feu vif sans matière grasse. Faites-y dorer les pignons de pin. Retirez-les de la poêle. Versez l'huile dans la poêle. Quand elle est chaude, versez-y les légumes surgelés. Faites-les revenir environ 20 min. Baissez le feu s'ils commencent à brunir.

2 Versez-les dans un plat allant au four. Salez et poivrez. Coupez les feuilles de basilic en fines lanières. Parsemez les légumes de pignons de pin et de basilic.

3 Préchauffez le four à 180 °C (th. 6). Coupez le beurre en petits dés. Mettez-les dans un bol avec l'emmental, la farine et 1 pincée de sel. Malaxez le tout avec les doigts pour obtenir une pâte grossière.

4 Répartissez uniformément la pâte à crumble sur les légumes. Enfournez et laissez cuire 25 min.

La petite tentation

Gardez-vous bien d'ajouter une pointe d'ail à cette ratatouille. Votre vampire en serait fort incommodé et tous vos efforts pour le séduire ensuite seraient vains.

Petits croques de loup-garou

Préparation 10 min - Cuisson 20 min

Pour 6 personnes
250 g de pâte à pizza
250 g de tomates cerises
100 g de tapenade noire
150 g de parmesan
1 cuil. à soupe de thym ciselé
4 cuil. à soupe d'huile d'olive + 1 cuil. à café d'huile pour la plaque de cuisson
farine pour la plaque
sel

1 Préchauffez le four à 200 °C (th. 6-7).

2 Étalez la pâte sur une plaque de cuisson huilée et farinée. Avec un emporte-pièce, découpez des disques de même taille. Nappez-les de tapenade et disposez les tomates cerises entières.

3 Parsemez de thym et arrosez d'huile d'olive. Salez. Enfournez pour 20 min de cuisson. Au sortir du four, parsemez de copeaux de parmesan et servez aussitôt.

La petite tentation

Servez avec de la roquette, une salade au goût finement poivré qui ne laissera pas votre vampire indifférent.

Levée de cercueil des petites madeleines

Préparation 10 min - Repos 1 h - Cuisson 15 min

Pour 6 personnes
1 courgette (environ 150 g)
3 quartiers de tomates séchées
6 feuilles de basilic frais
150 g de farine
80 g de crottin de chèvre sec
3 œufs
5 cl de lait
½ sachet de levure
5 cl d'huile d'olive
sel, poivre

Matériel
moules à madeleines

1 Faites tiédir le lait et l'huile d'olive dans une casserole. Râpez finement la courgette, coupez le fromage de chèvre en petits morceaux, hachez soigneusement les tomates séchées.

2 Mélangez les œufs, la farine et la levure dans un récipient. Ajoutez le lait et l'huile tièdes, le fromage, les tomates, la courgette, le basilic haché, du sel et du poivre. Laissez reposer la pâte 1 h, puis remplissez des moules à madeleines.

3 Préchauffez le four à 180 °C (th. 6). Mettez les madeleines à cuire pendant 12 à 15 min. Dégustez-les tièdes ou froides.

La petite tentation

Accompagnez ces petites madeleines d'un vin de sauvignon, tel un sancerre, marqué par une note de buis et des touches minérales fort évocatrices pour un vampire.

Pizzas au miel pour faire fondre votre vampire

Préparation 20 min - Cuisson 10 min

Pour 6 personnes
200 g de pâte à pizza ou à pain surgelée en boule
200 g de fromage de chèvre en bûche
15 cl de coulis de tomates
3 cuil. à soupe de miel liquide
1 cuil. à café d'origan
4 cuil. à soupe d'huile d'olive
poivre

1 Abaissez la pâte en un carré de 2 mm d'épaisseur. Étalez le coulis de tomates dessus, puis taillez 24 petits carrés égaux dans la pâte. Déposez les carrés de pâte sur une plaque de four recouverte de papier sulfurisé.

2 Préchauffez le four à 220 °C (th. 7-8). Coupez 24 fines tranches de fromage de chèvre dans la bûche. Déposez une tranche de chèvre sur chaque carré de la pâte. Répartissez le miel et l'huile d'olive dessus, parsemez d'origan et poivrez légèrement. Enfournez pour 8 à 10 min. Servez aussitôt.

La petite tentation

Vous pouvez ajouter un peu de citron confit haché avec le coulis de tomates.

Cigarettes des morts-vivants

Préparation 15 min - Cuisson 5 min

Pour 6 personnes
200 g de fromage de chèvre frais
4 feuilles de brick
1 bouquet de cerfeuil
½ botte de ciboulette
2 branches d'estragon
4 cuil. à soupe d'huile d'olive
poivre

1 Écrasez le fromage de chèvre frais dans un bol avec une fourchette. Hachez toutes les herbes, mélangez-les soigneusement avec le fromage, la moitié de l'huile d'olive et du poivre.

2 Coupez les feuilles de brick en rectangles d'environ 12 x 6 cm. À l'aide d'une poche et d'une douille lisse de petit diamètre, répartissez la préparation au fromage sur les rectangles de feuilles de brick. Roulez-les comme des nems mais plus fin, en serrant bien.

3 Préchauffez le four à 210 °C (th. 7). Rangez les cigarettes sur une plaque de four recouverte d'une feuille de papier de cuisson. Badigeonnez-les d'huile d'olive avec un pinceau et mettez-les à dorer de 4 à 5 min au four. Servez.

La petite tentation

Servez les cigarettes avec un chutney de mangues ou une confiture de cerises noires.

Sushis kado pour vampire romantique

Préparation 30 min

Pour 16 à 20 sushis
1 portion de riz à sushis cuit
4 belles noix de saint-jacques sans corail
1 œuf
4 feuilles de nori (algue)
50 g de nouilles japonaises
2 cuil. à soupe de mayonnaise japonaise
wasabi

En accompagnement
sauce soja, wasabi, gingembre
en saumure

1 Dans une poêle, faites dorer les feuilles de nori d'un seul côté pendant 30 s. Posez-les sur un plan de travail et coupez-les en quatre ou cinq bandes régulières.

2 Brisez les nouilles japonaises en petits morceaux de 2 cm et faites-les cuire pendant 5 min dans un grand volume d'eau. Égouttez et laissez refroidir.

3 Rincez les noix de saint-jacques et séchez-les avec du papier absorbant. Détaillez-les en fines tranches avec un couteau bien aiguisé. Mélangez les nouilles froides avec la mayonnaise, un peu de wasabi et l'œuf.

4 Préparez un petit rouleau de riz légèrement aplati de la valeur de 1 cuil. à soupe. Posez-le sur une bande de nori et roulez-la pour le recouvrir. Collez le rouleau avec un peu de wasabi et rabattez la partie en surplus. Le riz doit remplir environ les deux tiers de la barquette. Remplissez le reste avec les nouilles et terminez par une tranche de noix de saint-jacques. Répétez jusqu'à épuisement des ingrédients.

Raisins de la passion

Préparation 15 min

Pour 20 brochettes
10 tranches de bresaola
150 g de gruyère
20 grains de raisins noirs
poivre du moulin

Matériel
20 piques à brochettes

1 Coupez les tranches de bresaola en deux. Roulez-les. Détaillez le fromage en cubes.

2 Enfilez dans l'ordre sur les piques : le raisin, le fromage et la bresaola. Poivrez et servez aussitôt.

La petite tentation

Vous pouvez remplacer la bresaola par de la coppa, de la viande des Grisons ou encore du bacon.

Tartines de la tentation

Préparation 35 min - Cuisson 20 min

Pour 4 personnes
4 larges tranches de pain de campagne
120 g de foie gras de canard
20 figues sèches
4 figues fraîches
2 échalotes
20 cl de banyuls
10 cl d'eau
1 zeste d'orange
1 clou de girofle
1 bâton de cannelle
quelques pluches de cerfeuil
1 filet d'huile d'olive
1 cuil. à soupe d'huile d'arachide
fleur de sel, poivre du moulin

Matériel
mixeur

1 Mettez le foie gras au réfrigérateur. Pelez et émincez finement les échalotes. Faites-les revenir 5 min dans l'huile d'arachide.

2 Ajoutez les figues sèches, versez dessus le banyuls, l'eau, le zeste d'orange, le clou de girofle et le bâton de cannelle. Portez à frémissement, baissez le feu et laissez réduire 20 min. Lorsque les figues ont complètement refroidi, passez-les au mixeur.

3 Sortez le foie gras du réfrigérateur et coupez-le en tranches fines. Toastez légèrement les tranches de pain et tartinez-les de purée de figues, puis disposez harmonieusement le foie gras. Assaisonnez-les de sel, de poivre et d'un petit filet d'huile d'olive. Parsemez de cerfeuil.

4 Lavez et séchez les figues fraîches et décorez chaque tartine avec une figue coupée en quartiers avant de servir.

Soupe de poivron à servir de sang-froid

Préparation 20 min - Cuisson 45 min - Réfrigération 4 h

Pour 6 personnes
3 poivrons rouges
12 feuilles de basilic
5 cl de crème liquide
5 cl d'huile d'olive
sel, poivre

Matériel
mixeur

1 Préchauffez le four à 200 °C (th. 6-7). Enveloppez chaque poivron dans une feuille de papier d'aluminium. Mettez les poivrons à cuire au four pendant 45 min. Retirez-les, laissez-les refroidir, puis épluchez-les et rincez-les sous l'eau froide.

2 Coupez les poivrons en morceaux, mettez-les dans un récipient avec l'huile d'olive, la crème et les feuilles de basilic hachées, du sel et du poivre. À l'aide du mixeur, mixez le tout pour obtenir un velouté onctueux, ajoutez un peu d'eau froide si le velouté est trop épais.

3 Placez le velouté au réfrigérateur pendant 4 h. Servez bien frais, avec des gressins.

La petite tentation

Si votre vampire est un peu frileux, servez ce velouté chaud. Dans ce cas, ajoutez le basilic haché à la fin, au moment de servir. Ne faites pas chauffer le velouté avec le basilic frais.

Jambalaya classieux pour vampires princiers

Préparation 20 min - Cuisson 30 min

Pour 4 personnes
250 g de riz long
300 g d'échine de porc
250 g de chorizo
350 g de filets de poulet
125 g de jambon fumé
250 g de crevettes bouquet entières
3 tomates
1 poivron vert
1 oignon
1 bouquet garni
2 tiges de céleri
40 cl de bouillon de poule
4 cuil. à soupe d'huile
sel, poivre

1 Coupez le porc en cubes, le chorizo en tranches, le poulet en lanières, le jambon en dés et le céleri en tronçons. Concassez les tomates. Pelez et coupez finement l'oignon. Coupez en lanières le poivron.

2 Dans une sauteuse, faites dorer le porc, le chorizo et le poulet dans l'huile, à feu vif. À l'aide d'une écumoire, ôtez la viande et mettez le céleri, l'oignon, le poivron vert et le riz. Remuez avec une cuillère en bois jusqu'à ce que le riz devienne translucide. Ajoutez la viande dorée, les tomates, le bouquet garni, salez et poivrez.

3 Versez le bouillon chaud, portez à ébullition, baissez le feu et faites cuire à petits bouillons pendant 10 min. Incorporez le jambon et les crevettes. Couvrez et laissez cuire à feu doux jusqu'à évaporation complète du liquide.

4 Laissez reposer quelques minutes à couvert et retirez le bouquet garni avant de servir.

Lotte à la vampiresque

Préparation 25 min - Cuisson 35 min

Pour 6 personnes
2 kg de filets de lotte coupés en morceaux (+ les arêtes)
4 tomates
1 carotte
1 oignon
1 botte de cerfeuil
25 cl de fumet de poisson (du commerce)
1 cuil. à soupe de concentré de tomates
20 cl de vin blanc
5 cl de cognac
80 g de beurre
40 g de farine
6 cuil. à soupe d'huile d'olive
sel, poivre

1 Salez et poivre les morceaux de lotte. Dans un bol, mélangez 40 g de beurre avec la farine et mettez de côté. Dans une casserole, faites fondre le reste du beurre. Ajoutez les arêtes de lotte, la carotte et l'oignon hachés, puis laissez cuire à feu doux en remuant de temps en temps pendant 5 min. Versez le cognac.

2 Faites bouillir 1 min, puis ajoutez les tomates en rondelles, le vin blanc, le fumet et le concentré de tomates. Salez, poivrez, couvrez et laissez mijoter 20 min en écumant la surface de temps en temps.

3 Éliminez les arêtes, salez, poivrez et ajoutez le mélange de beurre et de farine en fouettant. Laissez bouillir doucement 1 min et sortez du feu.

4 Dans une cocotte, faites dorer les morceaux de lotte à l'huile d'olive pendant 4 à 5 min, puis ajoutez la sauce à la tomate. Portez à ébullition, laissez cuire doucement 10 min, sortez du feu et ajoutez le cerfeuil haché.

Tagine aux épices pour envoûter votre vampire

Préparation 25 min - Cuisson 1 h

Pour 4 à 6 personnes
1,5 kg d'épaule d'agneau, en morceaux
1 pomme de terre
2 carottes
1 courgette
4 tomates
3 oignons
1 citron
30 cl de jus d'orange
5 pincées du mélange suivant : ras el-hanout, cannelle, coriandre
huile de tournesol
sel et poivre

1 Salez et poivrez la viande. Faites chauffer la cocotte à feu vif avec un peu d'huile et faites dorer la viande pendant 10 min.

2 Pendant ce temps, épluchez les légumes et les oignons, puis coupez-les en tranches ou en rondelles ; pressez le citron.

3 Préchauffez le four à 180 °C (th. 6).

4 Ajoutez les oignons et laissez cuire pendant 5 min en remuant. Incorporez ensuite la pomme de terre, la courgette et les carottes. Versez le jus d'orange et celui du citron. Ajoutez aussi les épices et les tomates.

5 Couvrez, salez, poivrez et portez à ébullition. Réduisez le feu, éliminez la graisse qui surnage, couvrez et enfournez la cocotte pour 50 min de cuisson. Servez bien chaud avec de la semoule.

Coupe de la Dame pâle

Préparation 20 min - Cuisson 5 min - Réfrigération 1 h

Pour 6 personnes
1 grosse poignée de roquette
30 cl de crème liquide
130 g de parmesan râpé
5 cl d'huile d'olive
sel, poivre

Matériel
robot mixeur

1 Portez à ébullition 2 min la crème dans une casserole. Ajoutez le parmesan râpé et du poivre. Faites cuire 2 à 3 min sur feu très doux en remuant.

2 Versez la crème de parmesan dans des verrines, placez-les au frais au moins 1 h.

3 Mixez la roquette avec l'huile d'olive, du sel et du poivre. Une fois la crème de parmesan refroidie, répartissez un peu de pistou de roquette dans les verres et servez.

La petite tentation

Accompagnez ces verrines de petites tartines de pain complet.

Bouchées écarlates

Préparation 15 min - Marinade 48 h au moins - Macération 1 h

Pour 40 bouchées
20 tomates cerises
20 olives noires
100 g de feta
3 branches de thym
1 feuille de laurier
1 petit piment oiseau
huile d'olive
1 cuil. à soupe de sucre
sel, poivre

Matériel
40 pique-olives

1 Coupez la feta en cubes d'environ 1 cm de côté. Mettez-les dans un petit bocal avec 2 branches de thym, le laurier et le piment entier.

2 Couvrez largement tous ces ingrédients d'huile d'olive, fermez le bocal et laissez mariner au frais, dans un endroit sombre, pendant au moins 48 h.

3 Rincez les tomates cerises et coupez-les en deux, puis retirez les graines avec la pointe d'un couteau. Mettez-les dans une jatte avec 3 cuil. à soupe d'huile d'olive, salez-les, poudrez-les de sucre et du reste du thym émietté, tournez-les délicatement dans ce mélange, puis laissez-les macérer pendant 1 h.

4 Coupez les olives en deux et dénoyautez-les. Égouttez la feta et les tomates. Mettez un dé de feta dans chaque demi-tomate, recouvrez la partie visible du fromage d'une demi-olive et piquez le tout avec un pique-olives.

Tomates ensorcelées

Préparation 10 min - Cuisson 8 min

Pour 6 personnes
24 tomates cerises
150 g de sucre
3 cuil. à soupe de graines de pavot

Matériel
24 piques en bois

1 Dans une casserole, faites cuire le sucre avec 5 cl d'eau pour obtenir un caramel légèrement doré. Retirez du feu et plongez le cul de la casserole dans de l'eau froide pour arrêter la cuisson du caramel.

2 Ajoutez le pavot dans le caramel, mélangez en tournant régulièrement la casserole.

3 Plantez une pique en bois dans chaque tomate, puis plongez-les délicatement dans le caramel pour les en enrober.

4 Rangez les tomates cerises debout sur une plaque recouverte d'une feuille sulfurisé. Laissez refroidir avant de déguster.

La petite tentation

À grignoter avec quelques morceaux de fromage de brebis.

Poivrons des damnés

Préparation 10 min - Cuisson 20 min - Réfrigération 24 h

Pour 6 personnes
2 poivrons rouges
2 poivrons verts
2 poivrons jaunes
2 branches de thym
2 cuil. à soupe de vinaigre de xérès
3 cuil. à soupe d'huile d'olive
1 cuil. à café de sucre
sel

1 Lavez les poivrons, essuyez-les et faites-les griller 20 min sous le gril du four, le plus près possible de la source de chaleur, en les tournant régulièrement. Lorsque la peau a noirci et se détache toute seule de la chair, laissez-les tiédir, puis pelez-les, retirez le pédoncule, les graines et les filaments blancs.

2 Taillez les poivrons en lanières de 3 cm de large. Mettez-les dans un récipient en les rangeant par couleur, poudrez-les de sucre et salez-les.

3 Mélangez le thym émietté, le vinaigre et l'huile, arrosez les poivrons de ce mélange, couvrez et laissez mariner pendant au moins 24 h.

4 Pour servir, égouttez les poivrons, coupez-les en carrés de la taille d'une bouchée avant de les ranger dans un ravier. Vous pouvez également les placer par couche de couleur dans des petits verres.

Tarte au chocolat noir pour mieux lire dans ses pensées

Préparation 20 min - Cuisson 35 min

Pour 6 à 8 personnes
350 g de pâte sablée
300 g de chocolat noir pâtissier
75 g de sucre
3 œufs
50 g de beurre + pour le moule
25 cl de crème liquide

1 Préchauffez le four à 180 °C (th. 6). Étalez la pâte et garnissez-en le moule beurré. Tapissez-la de papier sulfurisé, recouvrez de pois secs et enfournez pour 15 min de cuisson.

2 Dans un saladier, fouettez les œufs et le sucre. Portez la crème à ébullition, éteignez le feu et ajoutez le chocolat en morceaux et le beurre. Mélangez jusqu'à l'obtention d'une crème bien lisse.

3 Laissez refroidir, puis ajoutez le mélange œufs-sucre. Versez la préparation sur le fond de tarte.

4 Enfournez pour 20 min. Laissez refroidir avant de déguster.

La petite tentation

Remplacez 150 g de chocolat par le même poids de Nutella®.

Milk-shake de la nuit

Préparation 5 min

Pour 6 personnes
50 cl de lait frais entier
50 cl de sorbet au chocolat

Matériel
mixeur ou blender

1 Dans le bol d'un mixeur ou dans un blender, mettez le lait et le sorbet puis actionnez. Laissez tourner 2 à 3 min.

2 Versez dans des verres et servez immédiatement.

La petite tentation

Vous pouvez ajouter sur le dessus du milk-shake une crème Chantilly. Saupoudrez dans ce cas d'un peu de cacao.

Panna cotta teint de vampire

Préparation 20 min - Cuisson 15 min - Réfrigération 8 à 10 h

Pour 6 personnes

Panna cotta
100 g de chocolat blanc
30 cl de crème épaisse
30 cl de crème fluide
5 cuil. à soupe de sucre
1 cuil. à café d'extrait de vanille
5 feuilles de gélatine
Pétales de rose séchés pour décorer

Sirop de rose
½ tasse de cassonade
2 cuil. à soupe d'eau de rose
2 gouttes de colorant alimentaire rouge

1 Préparez la panna cotta. Réunissez les deux crèmes, le sucre et la vanille dans une casserole posée sur feu moyen et remuez jusqu'à ce que le sucre se dissolve. Ajoutez le chocolat cassé en morceaux, retirez du feu et mélangez pendant quelques minutes jusqu'à ce qu'il fonde.

2 Faites ramollir les feuilles de gélatine dans de l'eau froide pendant 5 min. Égouttez-les et ajoutez-les à la crème. Remuez jusqu'à ce qu'elles soient complètement dissoutes. Répartissez la panna cotta dans 6 moules et laissez prendre au réfrigérateur pendant 8 à 10 h.

3 Préparez le sirop de rose. Dans une casserole, versez le sucre et ½ tasse d'eau. Portez à ébullition en remuant constamment jusqu'à ce que le sucre se dissolve. Réduisez le feu, ajoutez l'eau de rose et laissez mijoter pendant 10 min. Incorporez le colorant alimentaire et laissez refroidir.

4 Pour servir, démoulez sur des assiettes, arrosez de sirop et décorez chaque panna cotta de pétales de rose.

Poires au vin ténébreuses

Préparation 20 min - Cuisson 25 min - Repos 24 h

Pour 4 personnes
4 grosses poires
2 citrons
½ l de vin rouge
300 g de sucre
1 gousse de vanille
1 petit bâton de cannelle
1 anis étoilé
5 grains de poivre

1 Pelez les poires, puis évidez-les avec un vide-pommes pour éliminer le cœur et tous les pépins. Plongez-les dans un grand saladier d'eau fraîche additionnée du jus de citron afin qu'elles restent bien blanches et réservez.

2 Dans une cocotte, mélangez le vin, 25 cl d'eau, le sucre, le jus du second citron, la gousse de vanille partagée en deux dans la longueur, la cannelle, l'anis étoilé et le poivre. Portez à ébullition, puis laissez frémir 5 min à feu doux.

3 Plongez les demi-poires dans le liquide brûlant, puis faites-les pocher pendant 15 à 20 min sans ne jamais laisser bouillir la préparation, puis ôtez du feu. Laissez refroidir, puis placez dans le réfrigérateur pendant 24 h.

4 Placez les poires dans les assiettes (entières, coupées en deux ou émincées) et servez-les avec leur jus de cuisson.

La petite tentation

Gardez le jus de cuisson pour pocher d'autres poires…

Tarte aux noix Rédemption

Préparation 15 min - Temps de repos 30 min - Cuisson 25 min

Pour 6 à 8 personnes
300 g de pâte brisée sucrée
150 g de cerneaux de noix
30 cl de crème liquide
1 œuf
75 g de sucre
sucre glace
beurre pour le moule

1 Préchauffez le four à 200 °C (th. 6-7). Étalez la pâte et garnissez-en un moule beurré. Piquez le fond avec les dents d'une fourchette et réservez au réfrigérateur pendant 30 min.

2 Mixez les noix et mélangez la poudre obtenue à la crème, ajoutez l'œuf et le sucre. Versez cette préparation sur le fond de tarte. Enfournez pour 25 min. Laissez refroidir et saupoudrez de sucre glace avant de servir.

La petite tentation

Pour un accord ton sur ton, servez un vin jaune du Jura : arbois ou château-chalon, aux arômes d'épices et de fruits secs.

Fondue fatale

Préparation 30 min - Cuisson 5 min

Pour 6 personnes
600 g de bananes, fraises, poires
coupées en gros morceaux
1 citron
25 cl de lait
1 grand pot de Nutella®
200 g de brioche et pain d'épice coupés en cubes
200 g de noisettes hachées, d'amandes effilées, de poudre de coco,
de vermicelles en sucre

Matériel
1 caquelon à fondue

1 Dans un caquelon, mettez le Nutella® et le lait, puis posez sur le feu, en remuant jusqu'à ce que le Nutella® soit liquide.

2 Posez le caquelon sur un réchaud à feu moyen pour le maintenir à température. Dans des bols, mettez les noisettes, les amandes, la poudre de coco et les vermicelles. À l'aide d'une fourchette à fondue, trempez les fruits, la brioche et le pain d'épice dans le Nutella® et dégustez après les avoir recouverts d'amandes, noisettes, etc.

La petite tentation

Ajoutez aux brochettes un peu de guimauve. Votre vampire retombera en enfance.

Bloody gaufres

Préparation 10 min - Cuisson 5 min

Pour 6 personnes
6 gaufres sucrées
300 g de fruits rouges mélangés (fraises, framboises, myrtilles et mûres)
20 cl de sirop d'érable
50 g d'amandes effilées

1 Nettoyez et équeutez les fruits. Coupez les fraises en morceaux et mélangez tous les fruits.

2 Dans une poêle, faites griller les amandes à sec. Dès qu'elles commencent à colorer, ôtez-les du feu. Répartissez les fruits sur les gaufres. Arrosez de 2 cuil. à soupe de sirop d'érable et saupoudrez d'amandes effilées.

La petite tentation

Proposez à votre vampire préféré un thé vert délicatement parfumé à la rose.

Macarons sang-bleu

Préparation 1 h - Repos 24 h - Cuisson 15 min

Pour une vingtaine de petits macarons

Pour les coques
3 blancs d'œufs à température ambiante
30 g de sucre en poudre
200 g de sucre glace
125 g de poudre d'amandes
1 pointe de couteau de colorant en poudre bleu

Pour la crème bleue
50 g de bonbons Bubblizz (Lutti®)
20 cl de crème liquide
1 pointe de couteau de colorant en poudre bleu

1 Préparez la crème bleue. Versez la crème dans une casserole avec les bonbons. Faites chauffer en mélangeant jusqu'à ce que les bonbons soient fondus. Incorporez le colorant. Laissez refroidir, puis réservez au frais.

2 Préparez les coques. Mixez et tamisez le sucre glace avec la poudre d'amandes et le colorant. Montez les blancs d'œufs en neige ferme en incorporant en trois fois le sucre. Avec une spatule en silicone, mélangez délicatement les blancs à la poudre, en soulevant la pâte.

3 Tapissez 2 plaques de four de papier sulfurisé. Collez-le avec un peu de blanc d'œuf. Versez la pâte dans une poche à douille et dressez des tas de pâte d'environ 3 cm de diamètre en les espaçant régulièrement. Posez chaque plaque sur une grille. Réservez 1 h à température ambiante.

4 Préchauffez le four à 160 °C (th. 5/6). Enfournez chaque plaque 10 min. Laissez refroidir avant de décoller les macarons.

5 Fouettez la crème pour la rendre lisse. Avec une poche à douille, garnissez-en la moitié des coques et assemblez-les avec les coques vides. Réservez 24 h avant de déguster.

Crumble de rhubarbe au tombeau

Préparation 20 min - Cuisson 35 min

Pour 4 personnes
500 g de rhubarbe
le jus de 1 orange
80 g de sucre blanc
80 g de beurre
80 g de farine
80 g de cassonade
80 g de poudre d'amandes
1 pincée de sel

1 Préchauffez le four à 200 °C (th. 6-7). Pelez la rhubarbe et coupez-la en tronçons de 2 cm. Répartissez-les dans un plat allant au four, versez le jus d'orange et saupoudrez de sucre blanc. Mélangez.

2 Coupez le beurre en petits dés. Placez-les dans un bol avec la farine, la cassonade, la poudre d'amandes et le sel. Malaxez avec les doigts pour obtenir une pâte grossière.

3 Répartissez uniformément la pâte à crumble sur la rhubarbe. Enfournez pour 35 min de cuisson.

La petite tentation

Le petit côté acidulé de la rhubarbe pourra être compensé par la suavité d'un vin moelleux.

Soupçons rouges glacés

Préparation 30 min - Cuisson 20 min - Repos 1 nuit

Pour 6 personnes

Pour la glace
500 g de fraises mara des bois
40 cl de lait entier
10 cl de crème fleurette
250 g de sucre de canne blanc

Pour le coulis et la chantilly
250 g de fraises
10 cl de crème fraîche liquide
1 cuil. à soupe d'amandes effilées grillées (pour servir)
1 cuil. à soupe de sucre de canne blanc
1 cuil. à café de sucre glace

Matériel
sorbetière ; mixeur ; tamis ; batteur ; 6 verrines

1 La veille, préparez la glace. Portez à ébullition le lait, la crème et le sucre. Laissez refroidir. Lavez et équeutez les fraises mara des bois. Réduisez-les en purée au mixeur. Passez ensuite au travers du tamis afin d'obtenir une purée lisse. Mélangez cette purée au lait et fouettez afin de lier le tout. Quand votre mélange est bien froid, laissez reposer une nuit au réfrigérateur.

2 Le jour même, faites prendre dans la sorbetière.

3 Préparez le coulis. Mixez les fraises. Passez la purée au travers du tamis et divisez-la en deux. Mettez-en une moitié avec le sucre de canne dans une casserole et portez à ébullition. Laissez refroidir et répartissez dans le fond des verrines. À l'aide d'un batteur, mélangez la crème fraîche et le sucre glace, puis montez en chantilly. Versez alors la purée de fraises restante, mélangez un peu pour obtenir une chantilly striée de rouge mais pas uniformisée.

4 Dans chaque verrine, placez une boule de glace à la fraise. Couvrez de chantilly et saupoudrez d'amandes avant de servir.

Sacrifice de fruits rouges délicieux

Préparation 10 min

Pour 2 verres
150 g de fraises
150 g de framboises
150 g de mûres
50 g de canneberges
ou cranberries
quelques grappes de groseilles
25 cl de jus de pomme

Pour présenter
2 mûres
2 framboises
4 canneberges
2 petites grappes de groseilles
glaçons

Matériel
blender

1 Rincez rapidement les fraises, équeutez-les et coupez-les en deux. Mettez-les dans un blender avec le jus de pomme, ajoutez-y les mûres, les framboises, les groseilles égrenées et les canneberges ou cranberries. Mixez le tout jusqu'à l'obtention d'un mélange onctueux et mousseux à souhait.

2 Pilez les glaçons et répartissez-les dans des verres, versez le jus. Décorez avec les mûres, les framboises et les canneberges, et accrochez une petite grappe de groseilles sur chaque verre. Servez.

La petite tentation

Les jus et les smoothies sont faits pour être dégustés immédiatement après leur réalisation. Ne les conservez pas longtemps, même au frais.

Cocktail pour transformer votre vampire

Préparation 10 min

Pour 2 verres
3 bananes
2 oranges
1 pamplemousse rose
½ citron
15 grains de raisin (blanc ou noir)

Pour présenter
quelques rondelles d'orange
glaçons

Matériel
blender

1 Pressez le demi-citron. Réservez le jus. Pelez les oranges et le pamplemousse rose et séparez-les en quartiers. Mettez-les dans un blender et mixez-les avec le jus de citron.

2 Ajoutez les grains de raisin, sans les épépiner, ce n'est pas nécessaire. Mixez encore. Terminez par les bananes épluchées et coupées en rondelles. Mixez par petites impulsions jusqu'à l'obtention d'une boisson bien homogène et onctueuse.

3 Servez la boisson dans des verres, avec des glaçons. Décorez de rondelles d'orange. Dégustez.

La petite tentation

Allongez le cocktail avec le jus d'une orange pressée, sans la pulpe. Le plein de vitamines pour faire rosir votre vampire !

48

Soupe à l'ail…
pour vous débarrasser de votre vampire

Préparation 25 min - Cuisson 35 min

Pour 6 personnes
700 g de pommes de terre
3 têtes d'ail rose
1 oignon
1 branche de thym
20 cl de crème liquide
5 cl d'huile d'olive
1 cube de bouillon
sel, poivre

Matériel
mixeur

1 Épluchez les pommes de terre, taillez-les en cubes. Épluchez les gousses d'ail et l'oignon, émincez l'oignon. Dans une casserole, faites fondre l'oignon et les gousses d'ail dans l'huile d'olive, pendant 5 min, sans coloration.

2 Versez 1,5 l d'eau froide dans la casserole, ajoutez les pommes de terre, le thym, du sel, du poivre et le cube de bouillon. Couvrez la casserole aux trois quarts et laissez cuire à feu moyen pendant 30 min.

3 À l'aide du mixeur, mixez la soupe, puis ajoutez la crème liquide. Faites chauffer doucement la soupe et servez aussitôt avec des croûtons.

C'est bien connu : les vampires détestent l'ail…

L'éditeur remercie Amy, Catherine, Charlotte, Christine, Florence, Marguerite, Sarah et Aymeric réunis dans un train qui rentrait de Dijon, un mauvais jour de pluie de mai 2009.

Pour l'éditeur, le principe est d'utiliser des papiers composés de fibres naturelles, renouvelables, recyclables et fabriquées à partir de bois issus de forêts qui adoptent un système d'aménagement durable. En outre, l'éditeur attend de ses fournisseurs de papier qu'ils s'inscrivent dans une démarche de certification environnementale reconnue.

Dircction : Jcan-François Moruzzi
Direction éditoriale : Pierre-Jean Furet
Édition : Anne Le Meur, assistée de Marie Morel
Conception intérieure et couverture : Salah Kherbouche
Réalisation intérieure : Les PAOistes
Fabrication : Amélie Latsch
Responsable partenariats : Sophie Morier-Augereau au 01 43 92 36 82

Textes :
Olivier Cechman, 2 ; Maya Barakat-Nuq, 16, 20, 42, 58, 60 ; Myriam Darmoni, 52 ; Valéry Drouet, 10, 12, 14, 22, 30, 34, 62 ; Thomas Feller, 4, 18, 40, 48, 50, 56 ; Stephan Lagorce, 26, 28, 44 ; Catherine Moreau, 8, 24, 38, 46 ; Nicole Seeman, 6, 54 ; Élisa Vergne, 32, 36

Photographies et stylisme :
Couverture : Guillaume Czerw et Emmanuel Renault (stylisme)
Juliane Bleckmann (stylisme), 59, 61 ; Manuela Chantepie (stylisme), 17 ; Alban Couturier et Aurore Dumas (stylisme), 5 ; Sophie Dvernicki (stylisme), 7, 33, 37 ; Éric Fénot et Delphine Brunet (stylisme), 21, 25, 27, 29, 41, 45, 49 ; Valéry Guédes et Natacha Arnoult (stylisme), 9, 39, 47, 53 ; Natacha Nikouline, 7, 33, 37, 43, 51, 55 ; Bob Norris, 17, 59, 61 ; Rina Nurra et Lissa Streeter (stylisme), 57 ; Amélie Roche et Rosalba de Magistris (stylisme), 19 ; Pierre-Louis Viel et Valéry Drouet (stylisme), 11, 13, 15, 23, 31, 35, 63

Dépôt légal : octobre 2009
23-27-7982-01-4
ISBN : 978-2-01-237982-4
Imprimé par Estella Gráficas, Espagne